Sad

Monica Septimio

Halo
PUBLISHING
INTERNATIONAL

Josh 24:15

Bia was a talented young girl with a beautiful room full of lovely things, but she felt something was missing. Her wonderful toys, games and books did not fill the hours, and even dressed in her best clothes, jewelry and shoes she felt restless.

"Dad, I have everything I could want, and I still feel something is missing."

"Bia," said her Dad. "I'll tell you the three words you need to change things when you are dissatisfied. They spell S-A-D. Stop! Analyze! Decide!"

One rainy day, the kind of day when you don't feel like doing anything but eating, Bia thought about what her dad told her. She decided to try it.

So Bia—stopped…

> analyzed…

> and decided to look for what she was missing!

Bia era uma menina muito talentosa com um belo quarto cheia de coisas adoráveis, mas sentia que algo estava faltando. Seus brinquedos maravilhosos, jogos, e livros não preenchiam as horas e, mesmo vestindo suas melhores roupas, jóias e sapatos, ela se sentia inquieta.

— "Pai, eu tenho tudo o que eu poderia querer e ainda sinto que algo está faltando."

— "Bia", disse o pai. "Vou lhe dizer as três palavras que você precisa para mudar as coisas quando estiver insatisfeita. Eles soletram S-A -D! Suspirar! Analisar! Decidir!"

Um dia chuvoso, o tipo de dia em que você não quer nem mesmo comer algo, Bia pensou no que o pai dela disse. Ela decidiu tentar.

Bia então:

Suspirou…

Analisou…

E decidiu procurar o que lhe faltava!

Josh 29. 15

When she was bored Bia's mind drifted into dark daydreams which upset her, so she planned activities to keep busy. Bia began a journal as if she were talking to herself. She wrote adventurous stories filled with things she wished she could do. She took up drawing and painting, and it was marvelous. Her mood improved, but at the end of each day she celebrated by giving herself a delicious treat. She realized she was overeating.

So Bia—stopped…

analyzed…

and decided to eat healthier and exercise!

Quando ela estava entediada, a mente de Bia levava ela a ter sonhos sombrios que a perturbavam, então ela planejou atividades para se manter ocupada. Bia começou um diário como se estivesse falando sozinha. Ela escreveu histórias de aventura cheias de coisas que desejava fazer. Ela começou a desenhar e pintar, e foi maravilhoso. Seu humor melhorou, e no final de cada dia ela comemorava com algo delicioso. Ela percebeu que estava comendo demais.

Bia então:

Suspirou…

Analisou…

E decidiu comer saudável!

5

Bia enjoyed walking around her neighborhood. She admired the gardens, houses, and the people she saw. But she always forgot, misplaced or lost something.

So Bia—stopped…

analyzed…

and decided to get organized!

She cleaned the mess in her room and donated things she no longer needed. She set aside time for important things like her family and homework.

Bia amava fazer caminhada na vizinhança. Ela admirava os jardins, as casas, as pessoas que passavam por ela. Mas ela sempre se esquecia, perdia alguma coisa.

Bia então:

Suspirou…

Analisou…

E decidiu se organizar!

Ela limpou a bagunça no quarto e doou as coisas que não precisava mais. Ela reservou tempo para coisas importantes, como sua família e dever de casa.

Now Bia felt productive, agile, and healthy. Her room was clean, and she enjoyed wonderful times with her family. But Bia still felt lonely.

So Bia—stopped...

        analyzed...

        and decided to make new friends!

She complimented her classmates, smiled more and sat with them during lunch. She even asked to participate in group activities. Soon Bia didn't feel lonely anymore.

Agora Bia se sentia produtiva, ágil e saudável. Seu quarto estava limpo, e ela desfrutava de momentos maravilhosos com sua família. Mas Bia ainda se sentia sozinha.

Bia então:

Suspirou...

Analisou...

E decidiu fazer mais amizades!

Ela elogiou seus colegas de classe, sorriu mais e sentou-se com eles durante o recreio. Ela até pediu para participar de atividades em grupo. Logo Bia não se sentiu mais sozinha.

But there was a boy who lived near her. He was a grade above her and rode to school on the same bus. He was rude, always made mean faces at everyone and fought with most of the kids in school. Nobody wanted him near.

So Bia—stopped...

    analyzed...

    and decided to discover why he was so angry!

Mas havia um garoto que morava perto dela. Ele era um aluno que cursava uma série acima dela e foi para a escola no mesmo ônibus. Ele era rude, sempre fazia caretas para todos e brigava com a maioria das crianças da escola. Ninguém o queria por perto.

Bia então:

Suspirou...

Analisou...

E decidiu descobrir por que ele tinha tanta raiva!

Maybe she could do something to help him. Bia already knew what to do, but her biggest challenge was to find a way to approach such a difficult person. He didn't seem to like anybody. Bia was determined. Even though she felt insecure or afraid sometimes, she never gave up. She would knock down anything that prevented her from getting what she wanted.

So Bia—stopped…

analyzed…

and decided to ask her mom what to do!

Talvez ela pudesse fazer algo para ajudá-lo. Bia já sabia o que fazer, mas seu maior desafio era encontrar uma maneira de se aproximar de uma pessoa tão difícil. Ele não parecia gostar de ninguém. Bia estava determinada. Mesmo que às vezes se sentisse insegura ou com medo, nunca desistiu. Ela enfrentaria qualquer coisa que a impedisse de conseguir o que ela queria.

Bia então:

Suspirou…

Analisou…

E decidiu perguntar a sua mãe o que fazer!

Bia's mother was a hairdresser, and Bia loved having her hair done different colors. While Bia's mother colored her hair, Bia told her about her problem and listened to her mother's advice.

Bia began to observe her neighbor. Sometimes he passed very slowly in front of his house when he came home from school. She began to pay attention to things that she might have in common with him. According to her mother, people are a reflection of what has happened to them. If someone had hurt him, he might have decided to hurt others first.

So Bia—stopped...

analyzed...

and decided to sit next to her neighbor on the bus!

A mãe de Bia era cabeleireira, e Bia adorava ter o cabelo pintado de cores diferentes. Enquanto a mãe de Bia coloria o cabelo, Bia contou para ela sobre seu problema, e ouviu os conselhos de sua mãe.

Bia começou a observar seu vizinho. Às vezes, ele passava muito devagar na frente de sua casa quando voltava da escola. Ela começou a prestar atenção nas coisas que ela poderia ter em comum com ele. Segundo a sua mãe, as pessoas são um reflexo do que lhes aconteceu. Se alguém o machucou, ele poderia ter decidido machucar os outros primeiro.

Bia então:

Suspirou...

Analisou...

E decidiu sentar perto do seu vizinho no ônibus da escola!

Mâria Syster
Josh 24:15

15

Bia sat on the same seat with Lumavi on the school bus. She noticed he had two dimples in his cheeks when he laughed, but she only had one on the right. She loved art, and he was an exceptional artist.

So Bia—stopped…

      analyzed…

      and decided to introduce herself!

Bia sentou no mesmo assento com Lumavi no ônibus da escola. Ela notou que ele tinha duas covinhas nas bochechas quando ele ria, mas ela só tinha uma na direita. Ela adorava arte, e ele era um artista excepcional.

Bia então:

Suspirou…

Analisou…

E decidiu se apresentar a ele!

During the bus ride, Bia asked Lumavi questions without giving him time to be unpleasant. She wanted at least one of her questions to get his attention, and it really worked! Bia was having a conversation with the most annoying and rude boy from the entire school. After the bus stopped, they continued to walk towards their homes. They talked for a long time and even laughed.

So they—stopped...

analyzed...

and decided to become friends!

Durante a viagem de ônibus, Bia fez perguntas a Lumavi sem lhe dar tempo para ser desagradável. Ela queria que pelo menos uma de suas perguntas chamasse a atenção dele, e realmente funcionou! Bia estava conversando com o garoto mais irritante e rude de toda a escola. Depois que o ônibus parou, eles continuaram a caminhar em direção a suas casas. Eles conversaram por um longo tempo e até riram.

Eles então:

Suspiraram...

Analisaram...

E decidiram ser amigos!

After a few days, Bia and Lumavi started doing things they liked together. Bia's mother had been right about Lumavi. He didn't want to be friends with anyone because in the past a friend of his did something very bad to him. He decided he did not want any more friends. He did not trust anyone anymore until Bia reached out to him.

Bia's friend Esther gave them both a very thick book to read together. She told them they should pay close attention to what the author wanted to express through the writings.

So they—stopped...

    analyzed...

    and decided to read the book!

Depois de alguns dias, Bia e Lumavi começaram a fazer coisas que gostavam juntos. A mãe de Bia estava certa sobre Lumavi. Ele não queria ser amigo de ninguém, porque no passado um amigo dele fez algo muito ruim para ele. Ele decidiu que não queria mais amigos. Ele não confiava mais em ninguém até Bia estender a mão para ele.

A amiga de Bia, Ester, deu a ambos um livro muito grosso para lerem juntos. Ela disse que eles deveriam prestar muita atenção ao que o autor queria expressar através do que foi escrito.

Eles então:

Suspiraram...

Analisaram...

E decidiram ler o livro!

Bia and Lumavi read the book and were delighted with it! This book inspired them in their art and in their daily lives. It even changed their attitudes. They became curious to meet at least one of the authors, because the book had several little books by different authors.

Their friend Ester told them that there was an author who inspired everyone else to write their respective books and promised to take them to this author's home.

So they—stopped…

    analyzed…

    and decided to go!

Bia e Lumavi leram o livro e ficaram encantados com ele! O livro os inspirou em sua arte e em suas vidas diárias. Até mudou suas atitudes. Eles ficaram curiosos para conhecer pelo menos um dos autores, porque o livro tinha vários pequenos livros de diferentes autores.

A amiga Ester disse a eles que havia um autor que inspirou todos os outros autores a escrever seus respectivos livros e ela prometeu levá-los à casa desse autor.

Eles então:

Suspiraram…

Analisaram…

E decidiram ir!

Once there, they noticed it was a house with a huge living room, and people talked with their eyes closed. Others sang songs saying almost everything from the book. But the author of the book did not seem to be there.

Bia asked Esther where the author was, but she explained that he was not in one place, he was everywhere. But if they stopped, analyzed and decided they would hear his voice, feel his presence, and even his embrace. At first, they were a little incredulous.

But then they—stopped…

        analyzed…

        and decided.

And like a wind, the presence of the author arrived.

Because—

They stopped believing that it was impossible to live this beautiful experience.

They analyzed with the purity of their open hearts.

And they decided to meet the inspirational author of the book, who always accompanied them everywhere.

Uma vez lá, eles notaram que era uma casa com uma enorme sala de estar e as pessoas conversavam com os olhos fechados. Outros cantaram músicas dizendo quase tudo do livro. Mas o autor do livro não parecia estar lá.

Bia perguntou a Esther onde estava o autor, mas ela explicou que ele não estava em um lugar, ele estava em todo lugar. Mas se Suspirassem, analisassem e decidissem, eles ouviriam sua voz, sentiriam sua presença, e até seu abraço. A princípio, eles ficaram um pouco incrédulos.

Eles então:

Suspiraram…

Analisaram…

E decidiram.

E, como um vento, chegou a presença do autor.

Porque:

Eles pararam de acreditar que era impossível viver essa bela experiência.

Eles analisaram com a pureza de seus corações abertos.

E eles decidiram conhecer o autor inspirador do livro, que sempre os acompanhava por todo lugar.

To

Bia, Lu, Ma, Vi, and Ester.

Para

Bia, Lu, Ma, Vi, e Ester.

About the author

Brazilian author Monica Septimio is a mother, hairdresser and painter. She volunteers at the children's ministry in her local church, Catedral de Adoração in Waltham, MA where she lives with her family. Before coming to the United States, she studied philosophy for two years at the Faculty of Philosophy of Maranhão, in Rondon do Para, PA, Brazil. She is currently developing ways to use her art as a method of group therapy and inspiration. Her other published works include:

Nothing is Impossible – Nada é Impossível

Be Thankful, be thankful – Seja Agradecido

White Dresses – Vestes Brancas

Sobre a autora

A escritora brasileira Monica Septimio é mãe, cabeleireira e pintora. Ela é voluntária no ministério infantil em sua igreja local, Catedral de Adoração em Waltham, MA, onde mora com sua família. Antes de vir para os Estados Unidos, estudou filosofia por dois anos na Faculdade de Filosofia do Maranhão, em Rondon do Pará, PA, Brasil. Atualmente, ela está desenvolvendo maneiras de usar sua arte como método de terapia e inspiração em grupo. Seus outros trabalhos publicados incluem:

Nothing is Impossible – Nada é Impossível

Be Thankful, be thankful – Seja Agradecido

White Dresses – Vestes Brancas

Editors
Jullyen Matos
Lucas Cordoba
Nilma Lima Costa Honorato

Translators
Jullyen Matos
Sofia Cordoba

Illustrator
Oil Paintings, Monica Septimio

ISBN: 978-1-61244-826-8
Library of Congress Control Number: 2020903519

Printed in the United States of America

Halo Publishing International
8000 W Interstate 10
Suite 600
San Antonio, Texas 78230
www.halopublishing.com
contact@halopublishing.com

www.ingramcontent.com/pod-product-compliance
Lightning Source LLC
LaVergne TN
LVHW070835080426
835508LV00031B/3476